AF509863

LA LÉGENDE DES INVENTEURS

FRANÇOIS CAVÉ.

A cœur vaillant, rien d'impossible.
(Devise de Jacques Cœur.)

La richesse et le bien-être dont l'industrie est aujourd'hui la source, la place élevée qu'elle occupe dans la société moderne, donnent à ceux qui la font prospérer et grandir des titres incontestables à la reconnaissance publique et à la renommée. L'Angleterre l'a bien compris. Justement fière des hommes de mérite qui, dans cette sphère d'activité, ont si puissamment développé les forces vives du royaume, elle ne se lasse point de les proposer pour modèles aux jeunes générations ; des écrivains pleins de talent racontent leur histoire à des auditeurs avides de s'instruire ou la publient dans des livres que la foule saisit avec empressement.

Il n'en est point ainsi en France. A peine le prestige d'une vie aventureuse et remplie d'épreuves a-t-elle pu tirer de l'oubli les noms de Bernard Palissy, de Salomon de Caus, de Jacquart ; quant aux ingénieurs non moins remarquables qui ont eu le ort d'être plus heureux, de fonder leur propre fortune en même temps qu'ils enrichissaient le pays, leur réputation ne dépasse guère le cercle du monde industriel et savant. Chacun admire les progrès gigantesques qu'ont faits chez nous les arts mécaniques. Les chemins de fer, les bateaux à vapeur, les télégraphes électriques, les métiers et les machines de toutes sortes, géants aux mille bras qui, affranchissant l'homme des plus rudes labeurs, ont transformé l'industrie, rapproché les nations, donné au commerce un essor immense, créé aux classes pauvres des ressources inconnues jusqu'alors. Et, ce qui rend ces merveilles plus admirables encore, c'est qu'elles se sont accomplies avec une incroyable rapidité. On est frappé d'étonnement quand on songe aux rares et timides essais qui, en 1820, annonçaient seuls la prodigieuse importance que l'industrie du fer allait prendre en Europe. Quels sont les hommes qui, en si peu d'années, ont opéré cette transformation? L'Angleterre cite avec honneur ses Maudslay, ses Stephenson, ses Fairbairn, ses Withworth; la France n'a-t-elle pas aussi des ingénieurs habiles à mettre en parallèle avec ces noms illustres? Il suffit de jeter un coup d'œil sur nos grandes usines pour s'assurer que des volontés énergiques, de puissantes intelligences ont présidé au développement industriel de notre pays. Parmi ces nouveaux soldats de nos luttes pacifiques, nul, en raison des obstacles qu'il a eu à vaincre, des grands résultats auxquels il est parvenu, ne mérite mieux que M. François Cavé de fixer notre attention.

Né le 12 septembre 1794, dans un petit village de Picardie, il connut les privations dès son enfance. Son père, simple menuisier, chargé d'une nombreuse famille, lui enseigna de bonne heure l'amour du devoir et les austères vertus qui arment l'homme pour le combat de la vie. Calme, réfléchi, ne se laissant jamais abattre ni décourager, le menuisier du Mesnil était le véritable type de ces paysans pleins de droiture et d'honnêteté, au solide bon sens, aux mœurs graves et patriarcales. Son exemple et ses conseils furent plus profitables à ses fils que les leçons d'un savant professeur, et l'un d'eux nous disait dernièrement : « J'ai toujours conservé le souvenir des sages paroles de mon père; lorsque j'ai eu des enfants, tous mes efforts ont tendu à leur donner l'éducation morale que j'avais reçue moi-même. »

Cet enseignement paternel, qui mûrissait le jugement et forti-
fiait l'esprit, formait à peu près la seule culture que le jeune
François et ses frères pussent attendre. L'instruction donnée dans les campagnes, encore aujourd'hui si insuffisante,
était alors presque nulle. Un maître ignorant réunissait pendant les mois d'hiver les enfants des cultivateurs et leur donnait quelques notions de lecture et d'écriture. Quatre sous et
un morceau de bois ouvraient l'entrée de l'école ; aussi ne
faut-il pas s'étonner si la science du professeur était au ni-
veau de ce chétif salaire. Dès que le printemps paraissait, la
classe devenait déserte, les élèves s'en allaient aux champs
pour garder les troupeaux ou aider leurs parents dans les travaux de la terre.

Tout en surveillant ses bestiaux, François repassait dans sa
mémoire les leçons du magister : l'arithmétique avait déjà pour
lui un vif attrait ; plus d'une fois il trompa l'ennui des heures
solitaires en cherchant la solution de quelque problème, en
se livrant aux calculs les plus compliqués. Il voulut un jour
trouver le nombre des heures et des minutes dont se composait
la vie de son grand-père ; dépourvu d'encre et de papier, il
réussit dans sa difficile entreprise en traçant les chiffres sur ses
sabots à l'aide d'un morceau de craie. D'autres passe-temps annonçaient aussi le futur ingénieur ; il s'amusait à fabriquer des
moulins à vent ; un jour même, il réussit à produire un moulin
à eau. Un de ces grossiers couteaux appelés *eustaches* composait tout son outillage ; quelques gouttes détournées d'un ruis-
seau voisin formaient la chute qui devait faire mouvoir les
rouages de l'appareil, construit tout entier en écorce de saule.

Pendant que notre jeune mécanicien était ainsi occupé, les
heures passaient rapidement ; absorbé par son œuvre, il ou-
bliait son troupeau, le Mesnil, le monde entier. Enfin le travail
est terminé ! le front rayonnant de joie, il regarde fonctionner
son moulin ; peut-être un mystérieux pressentiment lui révé-
lait-il alors sa vocation et son avenir. Ce bonheur néanmoins
fut de courte durée. La nuit approchait, le moment était venu
de reconduire les bestiaux à l'étable ; mais, en regardant autour
de lui, François s'aperçut qu'il était seul : les bêtes capricieuses
avaient profité de la distraction de leur jeune gardien pour aller

chercher un pâturage plus à leur gré ; il dut retourner sans elles à la maison, où l'attendaient les sévères reproches de sa mère. Quelques voisins ramenèrent le bétail indocile, et son père saisit cette occasion pour lui rappeler qu'il faut se défendre des entraînements de l'imagination et remplir avant tout les simples devoirs de la vie ; dans l'enfant, l'honnête menuisier voyait la créature intelligente, il s'adressait à sa raison et lui enseignait à réfléchir, ne cherchant jamais à imposer l'obéissance par la crainte.

François atteignit ainsi sa douzième année. L'habileté manuelle, dont il donnait chaque jour de nouvelles preuves, décida ses parents à le mettre en apprentissage chez un oncle nommé Pecquet, qui passait pour le plus habile charpentier du pays et qui avait même construit plusieurs moulins. François allait enfin réaliser un des rêves de son enfance, apprendre à fabriquer les appareils qui excitaient son admiration. L'état de menuisier dans les campagnes était alors un des plus propres à exercer l'esprit d'invention. Eloignés des villes, privés des ressources qu'offre le puissant outillage des usines, ces artisans devaient trouver en eux-mêmes le moyen de suppléer à ce qui leur manquait : être à la fois charpentiers, serruriers, constructeurs de moulins, etc.

Le maître s'aperçut bientôt qu'il lui restait peu de chose à montrer au jeune François. Celui-ci, de son côté, tournait sans cesse ses regards vers Paris ; les brillants récits qu'on lui avait faits de la grande ville, rendez-vous des ouvriers habiles, véritable musée des chefs-d'œuvre de l'industrie l'impressionnaient vivement. Le père céda, non sans de vives appréhensions, à ses instances réitérées. Un de leurs voisins avait quitté le Mesnil quelques années auparavant pour s'établir à Paris ; on disait que ses affaires prospéraient ; sans doute François serait bien traité chez lui, surveillé d'une manière paternelle, protégé contre les dangers d'une grande capitale. Le jeune homme partit donc, et, après avoir parcouru à pied une trentaine de lieues, il arriva fatigué, mais le cœur plein de joie, au but de son voyage. On était au 20 mars 1811. La foule encombrait les rues, le canon résonnait au loin, les tambours battaient aux champs : le roi de Rome venait de naître, et cet événement, attendu avec tant d'impatience, semblait consacrer la perpétuité d'une dynastie qui puisait sa force dans la gloire des armes. Au milieu de cette agitation s'avançait, inconnu, ignoré de tous, l'humble paysan qui devait être un des représentants de l'ère nouvelle, celle de la paix, du progrès et de l'industrie.

Avant qu'il eût trouvé sa voie cependant, bien des épreuves l'attendaient. Son nouveau patron était dur, avare, exigeant; il rationnait le pauvre apprenti, lui imposait les privations les plus pénibles, et tous les trois mois, lui donnait pour unique salaire une paire de souliers achetés au marché du Temple. Il le soumettait à un labeur pénible que n'interrompaient jamais ni fêtes ni dimanches, et souvent même, lorsque les commandes étaient pressées, il le faisait veiller des nuits entières. Le jeune Cavé supportait tout cela patiemment : il était à Paris, le but de ses rêves et de ses désirs. Un jour meilleur viendrait, se disait-il, et déjà, pendant les rares instants de loisir que lui laissait parfois la morte saison, il se perfectionnait dans l'écriture, le calcul et le dessin ; aussi ne voulut-il jamais avouer à ses parents l'excès de misère auquel le réduisait l'inhumanité de son maître. Ceux-ci finirent cependant par en être instruits. Ils le pressèrent de venir reprendre sa place à la table et au foyer domestiques : le jeune homme refusa obstinément.

Il était depuis dix-huit mois chez l'avare menuisier, quand celui-ci mourut subitement, et François se vit obligé de trouver un autre patron. Ce n'était pas chose facile à cette époque. Les malheurs de 1812 et 1813 avaient porté aux affaires une atteinte mortelle ; de plus, la disette désolait le pays ; la journée de l'ouvrier se partageait, quand il avait le bonheur d'obtenir de l'emploi, entre l'atelier, où il gagnait un chétif salaire à peine suffisant pour acheter du pain, et la boutique du boulanger, où il lui fallait faire queue pendant de longues heures et recourir souvent à la force du poignet. Telle était la condition de François Cavé quand parut le décret par lequel l'Empereur, à bout de ressources, appelait sous les drapeaux tous les jeunes gens qui avaient atteint leur dix-huitième année. Chacun d'eux devait se rendre au lieu de sa naissance pour satisfaire à la conscription ; mais le tirage au sort était une pure formalité et les bons numéros une chimère. Notre jeune artisan, bien qu'il eût tiré le nombre 105 sur 130 inscrits, fut obligé de partir. Il apporta dans le service militaire le caractère ferme et patient dont il avait déjà donné tant de preuves. Son intelligence et sa bonne conduite le firent remarquer de ses chefs, qui le promurent au grade de sergent et le chargèrent de plusieurs missions de confiance. Il n'assista cependant à aucune grande bataille : il fallait garder dans le pays de bons sous-officiers pour former les nouvelles recrues qui arrivaient sans cesse; car Napoléon, pour tenter un effort suprême, appelait aux armes tous les hommes au-dessous de quarante-cinq ans. Mais l'Europe entière était liguée contre lui, et la France épuisée n'aspirait plus qu'au repos et à la paix : l'Empereur dut signer à Fontainebleau l'acte d'abdication et partir pour l'île d'Elbe. La brillante campagne des Cent-Jours ne servit qu'à rendre plus complète la ruine de Napoléon; et le licenciement de l'armée suivit son départ pour Sainte-Hélène.

François Cavé, que les malheurs du pays avaient un instant détourné de sa vocation, revint au Mesnil bien décidé à n'y rester que le temps nécessaire pour embrasser les siens. Il y demeura un an néanmoins; son père rêvait pour lui la vie tranquille et modeste du village; il l'engageait à former un établissement de menuiserie. « Tu seras maître ici, lui disait-il; à Paris, tu resteras toujours ouvrier, faute d'argent pour devenir patron. » Mais le jeune Cavé ne partageait pas l'opinion de César : peu lui importait d'être le premier dans un village; ce qu'il voulait, c'était acquérir des connaissances nouvelles, une habileté plus grande dans son état. Il ne pensait pas encore à la mécanique, et bornait son ambition à pouvoir faire seul un de ces escaliers en spirale qui étaient alors une nouveauté et que l'on regardait comme des chefs-d'œuvre.

Son père crut ébranler sa résolution en lui ôtant les moyens de l'accomplir; il refusa de lui donner l'argent nécessaire au voyage. Il ne savait pas à quel point les souffrances et les épreuves avaient trempé l'énergique caractère de son fils; il ne connaissait pas la force de cette voix intérieure qui appelle certains hommes vers l'œuvre que la Providence leur assigne. « Ma détermination était prise, disait plus tard F. Cavé à un ami avec une simplicité charmante, *ce léger obstacle* ne pouvait m'arrêter. »

Avant de quitter le Mesnil, François Cavé alla faire ses adieux à sa grand'mère. La bonne femme, fort émue et fort attristée, n'essaya pourtant pas de s'opposer à son projet. Elle lui donna sa bénédiction avec un petit écu, seule richesse dont il lui fût possible de disposer, en lui recommandant d'être sage et économe. Voilà donc le jeune ouvrier une fois encore sur la route de Paris. Avec l'argent de sa grand'mère, il avait acheté quelques provisions; un chien nommé Argus, élevé par lui lorsqu'il était au service, pour tromper l'ennui de la vie de garnison, l'accompagnait et portait son bagage. Quand il fut arrivé au but de son voyage, sa petite fortune se composait encore d'une trentaine de sous : on voit qu'il avait suivi les conseils de son aïeule.

Dès le lendemain, il réussit à trouver de l'ouvrage. Mais le maître qui l'employait était fâcheux et rude ; François, mal rétribué, avait beaucoup à souffrir et peu de chose à apprendre. Il est vrai que, venu à Paris sans aide, sans appui, sans relations, il y avait trouvé tout à coup des ressources inattendues. A qui les devait-il? Au fidèle et intelligent Argus. Voici ce qui était arrivé. Le directeur de l'Ambigu montait à cette époque une pièce qui, malgré sa simplicité, devait attirer la foule, et qui, après tout, valait bien les chanteuses d'estaminet et les exhibitions de beautés peu vêtues, en vogue aujourd'hui. C'était *le Chien de Montargis*. L'acteur Marty avait accepté le principal rôle; mais il fallait trouver le héros du drame, l'accusateur éloquent, le chien dont l'instinct merveilleux fait découvrir le coupable. Argus fut admis au concours et laissa loin de lui tous ses rivaux. Il fallait voir avec quelle fureur habilement jouée il se jetait sur l'assassin, en ayant soin toutefois de ne pas lui faire le moindre mal; avec quelle adresse il savait se débarrasser, trop tard, hélas ! pour sauver son maître, des liens dont le meurtrier l'avait enlacé; avec quelle agilité il franchissait les haies et les barrières mieux que le meilleur cheval de course! Une fois rentré dans la coulisse, il reprenait son naturel débonnaire et pacifique, et comprenant que tout cela n'était qu'un jeu, il posait en signe d'amitié sa tête intelligente sur les genoux de l'artiste qu'il venait de poursuivre avec tant d'acharnement.

Les talents d'Argus excitaient l'admiration des spectateurs et récompensaient largement son heureux propriétaire des soins que son éducation lui avait coûtés. Les représentations du *Chien de Montargis*, jointes aux économies que François faisait sur sa journée d'ouvrier, lui permirent d'amasser une petite somme qui lui semblait une fortune. Il ne craignit donc pas de quitter l'atelier de son patron et de chercher ailleurs un travail plus profitable.

C'était un dimanche ; les marchands avaient fermé leurs magasins, chacun se livrait au repos et au plaisir. Le jeune artisan, occupé d'une pensée bien différente, parcourait les environs de sa demeure dans le but de se procurer de l'ouvrage pour le lendemain. Parvenu à la hauteur de la rue Richer, où l'on n'apercevait alors que de rares maisons et de vastes hangars, il découvre un atelier de menuiserie. Une allée donnait accès dans la maison. Il entre et se trouve en face d'une dame au visage bienveillant. « Qui demandez-vous, mon ami? lui dit-elle. — Madame, répond timidement François, je cherche du travail ; mais la boutique du menuisier n'est pas ouverte et je voudrais savoir à qui je pourrais parler. — Vous êtes menuisier ! voilà qui tombe à merveille. Nous avons justement de l'ouvrage à vous donner. Revenez demain. » François se retira fort joyeux et se présenta le matin suivant à l'heure indiquée. Sa protectrice le fit entrer dans un petit parloir où se tenait un monsieur d'un certain âge. Là, le jeune homme apprit avec stupéfaction qu'en croyant s'adresser à un maître menuisier il était entré chez un mécanicien, M. Collier, chef d'une vaste usine située au fond de la maison. Cet industriel faisait alors construire un pavillon auprès de ses ateliers, et sa femme, voyant la physionomie honnête et intelligente de François, avait songé à l'employer. L'architecte lui indiqua brièvement ce qu'il devait faire : ici, une alcôve ; là, une armoire, une fenêtre, une porte, des panneaux, puis il sortit sans lui laisser ni plans ni mesures.

Resté seul, notre jeune ouvrier se trouva dans un grand embarras : il n'avait guère étudié le dessin et connaissait fort peu l'ornementation ; de plus, l'expérience d'un patron lui était toujours venue en aide, et cette fois il s'agissait d'entreprendre seul une tâche difficile et délicate. Cependant il ne se découragea pas : les obstacles stimulaient la faculté inventive dont il n'avait pas encore pleine conscience. Il se mit résolûment à l'œuvre, puis, l'heure du repas arrivée, il se rendit sur les boulevards pour observer attentivement les magasins, afin d'apprendre par ces modèles comment il fallait poser les pilastres, ordonner les différentes parties du travail dont il s'était chargé. Le matin, le soir, il se plaçait en face des maisons dont l'aspect lui plaisait le plus, et dessinait ses plans. Les outils lui manquaient aussi : il employa ce qu'il avait d'argent à l'achat des plus indispensables. Ses efforts eurent un plein succès ; le bâtiment fut achevé à la satisfaction de l'architecte, et M. Collier, qui avait pu apprécier la bonne conduite du jeune homme, le prit dans son usine.

Grande fut la joie de François Cavé. La vue des mécanismes ingénieux à l'aide desquels l'homme centuple sa puissance et commande aux forces de la nature, lui causa un véritable enthousiasme. « Je me croyais, dit-il, transporté dans un monde nouveau ; mon esprit s'éveillait ; je cherchais à me rendre compte de tout ce qui frappait mes yeux. » La Providence lui montrait la voie, et, du premier jour où il franchit le seuil de la manufacture, son génie lui fut révélé. *Ed io anche son pittore !* s'était écrié le Corrège en contemplant un tableau de Raphaël. Et moi aussi, je suis ingénieur, pensa François à l'aspect de la première machine qui attira ses regards.

Il avait senti la nécessité d'apprendre le dessin et la géométrie. Il économisa donc, sur sa paye de chaque quinzaine, l'argent qui devait lui ouvrir l'entrée des cours ; car, à cette époque, l'enseignement gratuit était peu répandu et très-élémentaire. Quelques années plus tard, M. Collier eut la pensée généreuse d'établir dans son usine une école, où cinquante ouvriers pouvaient se perfectionner dans la lecture, l'écriture, le dessin linéaire, le calcul et la géométrie. Son exemple ne tarda pas à être suivi : de savants professeurs fondèrent des cours gratuits, et aujourd'hui l'artisan avide de s'instruire a des moyens abondants d'acquérir des connaissances étendues sans rien prélever sur son modeste salaire. Tous les soirs, après sa journée, François Cavé allait étudier les sciences qui devaient faire du paysan de la Picardie un de nos plus habiles constructeurs. Ses maîtres s'étonnaient de ses rapides progrès. C'est qu'il continuait bien avant dans la nuit son infatigable labeur, et plus d'une fois le jour le surprit courbé sur les plans qui absorbaient sa pensée entière.

M. Collier avait remarqué l'intelligence et le talent du nouveau mécanicien. Il le chargea d'ouvrages importants et lui témoigna une confiance si grande, qu'elle excita la jalousie des autres ouvriers. Chose triste à dire ! au lieu de se fortifier par son exemple, ses compagnons cherchaient à le détourner de l'étude ; ils n'épargnaient pour cela ni railleries ni menaces, s'efforçant de l'entraîner dans les cabarets et les bals de barrière, où l'ouvrier perd si souvent, avec la dignité morale, les habitudes laborieuses. Mais les hommes de la trempe de M. Cavé sont au-dessus de ces vulgaires tentations ; ils trouvent leur sauvegarde dans le but qu'ils poursuivent, dans les efforts qu'il faut faire pour y atteindre. Voyant l'inutilité de leurs tentatives, ses camarades finirent par lui permettre de ne partager ni leurs goûts, ni leurs plaisirs, et de continuer seul sa vie de travail et d'application.

Notre futur ingénieur était, du reste, à bonne école. M. John Collier, né en Angleterre et naturalisé en France, occupait alors dans l'industrie une place éminente. Son usine contenait une fonderie de fer, de cuivre et de bronze ; des tours, des machines à percer, à raboter, etc. Il fabriquait des appareils pour le filage, le tissage et l'apprêt des étoffes ; ses tondeuses surtout, fort remarquées à l'exposition de 1819, lui avaient valu la médaille d'or. Aussi M. Hindenlang, le manufacturier habile qui porta la fabrication des tissus de cachemire à un haut degré de perfection, s'était-il adressé à M. Collier pour le montage de son établissement. Ses métiers ayant eu besoin de réparation, François fut envoyé dans la filature et chargé de ce travail, qui lui fournit une nouvelle occasion de montrer son habileté.

Cependant le brevet pris par M. Collier pour la tondeuse mécanique touchait à son terme ; d'autres constructeurs s'emparèrent de l'invention et firent à son auteur une concurrence qui faillit lui être fatale. Il se releva plus tard, mais le choc fut d'abord assez rude : privé momentanément de travail, car ses clients, attirés par une considérable réduction de prix, s'étaient adressés aux maisons rivales, il se vit contraint de congédier la plupart de ses ouvriers. François Cavé éprouva un vif chagrin en quittant l'usine où, pour la première fois, il avait senti s'éveiller en lui le génie de la mécanique. Cependant il ne perdit pas courage et alla se présenter chez M. Hindenlang.

Le célèbre filateur le reçut en qualité de contre-maître. Il avait compté trouver en lui un auxiliaire utile pour les perfectionnements qu'il méditait : ses espérances furent dépassées. L'esprit observateur de M. Cavé saisissait les défauts des différents outils, et son imagination féconde lui fournissait aussitôt les moyens d'y remédier.

Les ateliers furent entièrement renouvelés. Notre jeune ingénieur inventa une machine pour séparer la jarre mêlée aux laines les plus pures, opération qui, jusque-là, se faisait uniquement à la main et demandait beaucoup de temps. Les tissus obtenus à l'aide du nouvel appareil défiaient, pour la finesse et la beauté, toute concurrence européenne. Les fabricants anglais, attentifs aux progrès de l'industrie et habiles à en profiter, remarquèrent aux expositions les admirables étoffes de M. Hindenlang. L'un d'eux offrit d'acheter, à des conditions avantageuses, le procédé de M. Cavé ; mais le jeune soldat de l'Empire était trop soucieux des intérêts de son pays pour livrer à l'étranger une invention qui contribuait à maintenir la supériorité de la manufacture française dans ce genre de fabrication. Il fit taire tout sentiment égoïste et garda sa modeste position de contre-maître.

En 1822 ses frères, Louis et Amable, vinrent le rejoindre à Paris. Laborieux comme leur aîné, ils possédaient également à un haut degré le goût et les aptitudes mécaniques. Au bout d'un an, ils avaient réuni une faible somme qui, jointe aux épargnes de M. François Cavé, leur permit d'acheter des outils, de louer un petit atelier et d'entreprendre à leur compte la construction des métiers destinés au tissage des étoffes.

L'époque approchait où l'industrie allait prendre un immense développement, grâce au puissant moteur découvert par Salomon de Caus et Papin, et introduit dans la pratique par Watt. M. Hindenlang, comprenant que, pour maintenir sa supériorité, il devait réaliser sans cesse de nouveaux progrès, fut l'un des premiers à faire usage des machines à vapeur. Il en avait acheté une, construite d'après le système américain, qui fonctionnait fort mal. Le jeune contre-maître l'examine avec attention, en constate les défauts, puis il se met à l'œuvre sans rien dire à personne, et quelques jours plus tard il se présente dans le bureau de son patron, muni du dessin d'un appareil qu'il venait d'imaginer. Le plan était original et hardi ; le nouvel ingénieur n'en avait puisé l'idée qu'en lui-même. C'était la célèbre *machine oscillante*, qui devait commencer la gloire et la fortune de son auteur, en même temps que doter l'industrie d'un de ses engins les plus précieux. M. Hindenlang, néanmoins, considérant l'âge et l'inexpérience de l'inventeur, refusa de courir les risques d'une telle entreprise et d'avancer les fonds nécessaires. François Cavé alors, avec la hardiesse que donne la conviction, propose de fabriquer à ses frais l'appareil, demandant pour toute faveur à son patron la promesse de l'acheter, s'il remplit les conditions requises. Touché de sa persévérance, le manufacturier consent, il offre même de mettre ses ateliers à la disposition du jeune homme. M. Cavé, plein de joie, revient annoncer à ses frères l'heureuse nouvelle. Toutes leurs épargnes, il est vrai, vont être absorbées par l'achat des outils et des matériaux ; mais ils sont pleins de confiance dans le succès et décidés à saisir cette occasion de prendre place parmi les hommes utiles qui se consacrent aux progrès de l'industrie.

Ils entreprenaient une tâche périlleuse et difficile : François était le seul des trois associés qui se fût formé dans un atelier de mécanique ; encore M. Collier ne fabriquait-il que des tondeuses et des métiers à tisser. C'était donc un genre de travail nouveau qu'il fallait commencer, avec de bien minces ressources et un outillage très-incomplet. Cependant une énergique volonté surmonte tous les obstacles. Aidé du concours intelligent de ses frères, M. Cavé suppléa par l'énergie de sa volonté à ce qui lui manquait ; il alésa lui-même les cylindres, façonna les différentes pièces et présenta enfin à M. Hindenlang un appareil qui pouvait soutenir avantageusement la comparaison avec les meilleures machines de fabrique anglaise que l'on importait chez nous à grands frais. Le filateur fut frappé d'étonnement à la vue de cette œuvre, muet témoignage de tant de difficultés vaincues. Il prédit dès lors à François le brillant avenir qui l'attendait, et nous l'avons entendu plus tard raconter, d'une voix émue et les yeux brillants de joie, comment M. Cavé avait remporté chez lui sa plus glorieuse victoire et mérité l'un de ses plus beaux titres.

La machine à vapeur, dont Papin avait fait l'application dès 1690, n'était cependant guère répandue en France à l'époque dont nous parlons. C'est que l'idée première avait dû subir bien des transformations avant d'entrer dans le domaine de l'industrie et rendre des services réels. Le génie de notre grand physicien avait entrevu pourtant l'immense utilité du nouveau moteur. « On comprend, disait-il, combien cette machine, qui est si simple, pourrait fournir de prodigieuses forces et à bon marché. Il serait trop long de rapporter ici de quelle manière cette invention se pourrait appliquer à *tirer l'eau des mines, jeter des bombes, ramer contre le vent* et à plusieurs usages semblables ; mais chacun doit, selon les besoins qu'il aura, imaginer les conceptions les plus propres pour ses desseins. » Or, c'est justement en cela que consistait la grande difficulté : il fallait des hommes de génie pour concevoir, des outils pour exécuter leurs plans ; les uns et les autres firent longtemps défaut. Les savants n'eurent pas de peine à démontrer l'imperfection de la machine imaginée par Papin ; mais aucun d'eux ne comprit l'importance de l'idée que ce grand inventeur avait émise. Découragé par l'indifférence que rencontra sa découverte, il se prit à douter de lui-même, abandonna son projet et termina dans l'oubli et la pauvreté, triste récompense de ses travaux, une existence si utile et si féconde.

Plus heureux en Angleterre, Thomas Savery, ancien ouvrier des mines, devenu habile ingénieur, et Newcomen, serrurier du Devonshire, profitèrent des données que Papin avait fournies à la science. Ils ne voyaient pas, comme lui, dans la vapeur un moteur universel ; mais ils construisirent un appareil propre à élever les eaux, qui fut bientôt adopté dans presque toutes les exploitations de mines et familiarisa les populations des grands centres manufacturiers avec l'agent dont la puissance devait, un siècle plus tard, transformer l'industrie.

Cependant les machines de Newcomen présentaient de graves défauts et entraînaient une énorme dépense de combustible ; leur vice capital consistait surtout dans la nécessité de refroidir et de réchauffer alternativement le cylindre pour y opérer la condensation de la vapeur ; ce fut seulement en 1765 que le célèbre Watt inventa le *condenseur*, appareil qui permet d'obtenir la condensation sans jamais refroidir le cylindre et de réaliser ainsi une économie considérable de vapeur, de combustible par conséquent. La machine néanmoins avait toujours pour force motrice la pression de l'air, qui, s'exerçant sur la tête du piston, le faisait redescendre quand la vapeur condensée laissait le cylindre vide. Watt ne tarda pas à changer ce principe : bannissant toute intervention de l'atmosphère, il fit dépendre uniquement les effets de la force élastique de la vapeur. Sous le rapport de la puissance et de l'économie, les avantages du nouvel appareil dépassaient toutes les espérances ; il ne restait plus qu'à le faire entrer dans la pratique.

Les inventeurs sont ordinairement peu habiles à tirer parti de leurs découvertes. La machine de Watt aurait peut-être été longtemps méconnue, si un manufacturier de Birmingham, Mathieu Boulton, n'eût consacré son immense fortune au succès de l'œuvre entreprise par le célèbre ingénieur. Il convertit une partie de ses établissements en ateliers pour la fabrication des machines, des *pompes à feu*, comme on les appelait ; puis il fit savoir à tous les propriétaires des mines qu'il *donnerait gratuitement les nouveaux appareils à qui voudrait les prendre ;* il se chargeait même de les monter et de les entretenir à ses frais, ne demandant d'autre rétribution que le tiers de la somme économisée chaque année sur le combustible. Une proposition aussi hardie témoignait de sa confiance illimitée dans le génie de Watt, qu'il avait associé aux bénéfices de l'entreprise. Il arriva, en effet, que cette générosité sans exemple devint une excellente spéculation, qui produisit des revenus considérables. Les mines seules de Chacewater, où l'on employait trois pompes à feu, payaient annuellement à Boulton une redevance de 2,500 livres sterling.

Le moteur universel que Papin avait découvert quatre-vingts ans auparavant trouvait enfin son application, grâce aux efforts d'un ouvrier mécanicien sans fortune et sans instruction, mais doué de merveilleuses aptitudes. D'ingénieuses modifications, fruit des recherches persévérantes de Watt lui-même, permirent d'employer ses machines aux usages les plus variés. Pendant ce temps, la France, livrée aux discordes intérieures, obligée de réunir ses forces pour la défense de son territoire, était trop occupée de la grande œuvre de sa régénération politique, pour songer beaucoup aux progrès accomplis dans la mécanique de l'autre côté du détroit. Il n'y eut longtemps à Paris qu'une seule machine à vapeur, la Pompe à feu que les frères Périer avaient fait venir des ateliers de Boulton, et qu'ils établirent à Chaillot, pour distribuer l'eau dans les différents quartiers de la capitale. Sous l'Empire, on construisit quelques appareils de ce genre; mais l'enivrement de la victoire détournait les esprits des conquêtes pacifiques de la civilisation, et notre pays, si jaloux de tenir en Europe le premier rang, demeurait, pour l'industrie, tributaire de la Grande-Bretagne, qui lui fournissait toutes ses machines. L'état des choses avait encore peu changé en 1823 ; on comprend donc la stupéfaction de M. Hindenlang, quand il entendit un jeune ouvrier, dépourvu d'instruction et ne possédant d'autre ressource que ses modestes épargnes, lui proposer d'accomplir une entreprise qui effrayait les constructeurs les plus renommés. Il avait cru voir dans ces paroles une folle présomption, et cependant François Cavé, sans rien demander à autrui, sans s'informer des plans adoptés dans les usines anglaises, avait, en suivant sa seule inspiration, inventé une machine meilleure et d'une application plus facile que toutes celles qui existaient alors. Dans son appareil, il avait supprimé la bielle et adapté directement la tige du piston à la manivelle qui fait tourner l'arbre moteur. Ce mécanisme reçut le nom de *machine oscillante*, parce que le cylindre à vapeur oscille en opérant un mouvement circulaire alternatif sur deux tourillons placés dans une direction perpendiculaire à son axe; ces tourillons sont creux et fondus avec le cylindre même. L'un est destiné à l'introduction de la vapeur que l'on fait arriver de la chaudière, l'autre la laisse échapper au dehors, après qu'elle a produit son action sur le piston.

Cette combinaison ingénieuse avait l'avantage de ne pas exiger beaucoup de place pour l'installation de la machine, de coûter relativement fort peu et de pouvoir être établie partout, sans qu'il y eût à tenir compte de la nature différente des terrains.

La plupart des usines à fer étant construites près des cours d'eau, sur un sol vaseux, le nouvel appareil avait pour elles une utilité incontestable. Il rencontra cependant une vive opposition parmi les ingénieurs. Rendre le corps de pompe mobile semblait une monstruosité, un renversement de tous les principes mécaniques ; car on avait jusqu'alors cru indispensable de donner au cylindre la plus grande fixité possible.

Les objections, loin de décourager M. Cavé, l'excitaient à de nouveaux efforts ; sa machine avait des mérites trop réels pour ne pas triompher de ces obstacles. Il attendit patiemment l'heure du succès, s'appliquant sans cesse à perfectionner son œuvre. Il est curieux de suivre, dans les *Rapports sur les Expositions*, les progrès que faisaient ses idées au milieu du monde industriel et savant. En 1827, une mention honorable, accompagnée d'un froid éloge, lui est décernée par le jury. « Cet exposant, dit le compte rendu, s'occupe de la construction des machines à vapeur d'après un système qui lui est particulier. Ses appareils n'offrent d'autre avantage que la modicité du prix et la réduction du volume : ces circonstances ont déterminé leur établissement dans plusieurs fabriques, où elles ont présenté une forte économie. » Bien différent est le langage tenu en 1834 : « L'industrie doit à M. Cavé un ingénieux système de machine à vapeur, à cylindre oscillant, sans parallélogramme et sans condensateur. Il en a fait également l'application aux bateaux à vapeur ; il a construit en tôle de fer, pour naviguer sur nos fleuves, la coque de ces bateaux, qui sont d'une légèreté remarquable. Le jury central l'a jugé digne de recevoir la première médaille d'or pour l'invention des grands mécanismes, et le roi, d'après le rapport du jury, l'a nommé chevalier de la Légion d'honneur. »

Cette distinction était d'autant plus flatteuse, que M. Cavé, étranger à toute ambition, ne l'avait jamais recherchée. Aussi sa surprise et son émotion furent grandes, quand il reçut des mains de Louis-Philippe la récompense si bien méritée par ses utiles travaux. « Je me retirais, racontait-il plus tard à quelques amis, bien satisfait d'avoir obtenu une médaille d'or. Le président du jury me rappela et me fit signe de m'approcher du roi ; je m'avançai fort troublé, n'imaginant pas ce qu'on pouvait me vouloir. Louis-Philippe se prit à sourire de mon embarras, m'adressa de bonnes paroles et me remit la croix de la Légion d'honneur. »

L'habile constructeur comptait désormais parmi les hommes qui sont la gloire de notre pays, et qui, pendant la période féconde de 1830 à 1844, ont élevé l'industrie française au rang qu'elle occupe aujourd'hui.

Mais que d'épreuves et de difficultés il avait fallu vaincre avant de devenir le chef d'une vaste usine ! Nous avons laissé M. Cavé contre-maître chez M. Hindenlang, où il venait de construire sa machine oscillante. Enhardi par ce succès décisif, il résolut de s'établir, et loua près de la porte Saint-Antoine les ateliers que venait de quitter un mécanicien appelé plus tard à une honorable célébrité, M. Pihet. Toutes les ressources de M. Cavé se composaient d'un capital de 5,000 francs, fruit d'un travail assidu. Une partie de cette somme fut employée à l'achat des outils les plus indispensables, l'autre devait couvrir les frais de matières premières et de main-d'œuvre, quand les commandes arriveraient. Ces humbles débuts font ressortir les changements profonds qui sont survenus dans les mœurs et dans l'état de l'industrie. Chacun parcourait alors d'un pas lent et sûr la carrière où il était entré ; on ne s'enrichissait point rapidement ; mais, comme on ne devait rien qu'à soi-même, on évitait aussi les catastrophes terribles dans lesquelles s'engloutissent trop souvent à la fois l'honneur de l'imprudent spéculateur et la fortune de ceux qui ont eu confiance en lui. Le mot spirituel inspiré par la rapidité des chemins de fer : « On ne voyage plus, on arrive, » caractérise parfaitement les hommes de notre époque. En 1823, les locomotives n'existaient pas encore, et M. Cavé devait passer par toutes les étapes de la carrière industrielle, en connaître sans doute les fatigues, mais aussi jouir plus pleinement des horizons nouveaux qui s'ouvraient devant lui, des progrès dus à ses seuls labeurs.

Sa première entreprise ne fut pas heureuse. 1,800 francs, c'est-à-dire presque tout le capital qui lui restait, avaient été employés à la construction d'une machine ; l'industriel à qui elle était destinée fit faillite et l'appareil ne fut jamais payé. Cette perte laissait notre jeune constructeur dans un embarras extrême : inconnu, sans crédit, sans réputation, isolé au milieu de la foule, comment inspirer la confiance, attirer la clientèle? L'argent sur lequel il comptait pour attendre de nouvelles commandes venait d'être perdu ; les tristes paroles de son père durent lui revenir en mémoire : « A Paris, tu resteras toujours ouvrier, faute d'argent pour devenir patron, » lui avait-il dit. Faudrait-il donc quitter l'atelier, bien modeste, il est vrai, mais où du moins il était maître, pour porter au service d'autrui sa puissance de conception, ses fortes facultés? Ce découragement toutefois fut de courte durée. M. Cavé avait pour lui la jeunesse, l'avenir, un rare génie de la mécanique, une indomptable volonté ; il pouvait compter sur le dévouement, sur l'intelligence de ses frères : avec de tels avantages, il devait vaincre la mauvaise fortune. Puisant dans la nécessité une énergie nouvelle, il chercha des travaux avec plus d'ardeur que jamais, obtint de la maison Didot la commande d'une machine à fabriquer du papier continu, et par l'exécution parfaite de l'appareil, le premier de ce genre que l'on eût encore exécuté, il gagna la confiance de plusieurs autres manufacturiers.

Les modestes bénéfices qu'il réalisait, économisés avec soin, servaient à accroître son outillage ; il augmentait peu à peu le nombre de ses ouvriers, enrichissait l'industrie d'une foule d'appareils ; enfin, réalisant le vœu de Papin, il fit de la vapeur le moteur direct de plusieurs engins d'une grande puissance. Nous citerons entre autres la machine à percer, qui a rendu de si grands services pour la fabrication des chaudières. Autrefois, on employait des appareils manœuvrés au moyen de longs et forts leviers, que l'on soulevait et que l'on rabattait ensuite ; ce procédé, on le comprend, était long et dispendieux. A mesure que l'usage de la vapeur devint plus général, les établissements qui possédaient un premier moteur cherchèrent à s'en servir pour faire marcher la machine destinée à percer le fer. M. Pihet, ainsi que plusieurs ingénieurs anglais, avait inventé des appareils qui, commandés par des poulies et des engrenages, recevaient un mouvement continu. M. Cavé eut l'idée d'appliquer directement au balancier le piston à vapeur ; l'impulsion pouvait ainsi être donnée ou suspendue instantanément ; la machine et son moteur ne faisaient qu'un, et l'appareil acquérait une force, une rapidité, une précision inconnues jusqu'alors.

Les travaux de M. Cavé commençant à répandre son nom dans le monde industriel, les ateliers de la porte Saint-Antoine devenaient insuffisants ; il fallut chercher ailleurs un emplacement plus vaste. En 1826, l'usine fut transportée au faubourg Saint-Denis, et bientôt elle compta parmi les premiers établissements métallurgiques de France. Les trois frères avaient songé d'abord à y fonder une filature destinée à la mise en œuvre d'un textile nouveau pour notre pays, le poil de chameau. Les Arabes savent, dit-on, en faire, outre les tissus grossiers à l'usage du peuple, des étoffes d'une grande finesse dont les princes et les rois se revêtent dans les occasions solennelles. M. Hindenlang, fils du célèbre manufacturier pour lequel M. Cavé avait construit sa première machine, résolut d'introduire chez nous ce genre de fabrication. Désireux d'attacher à son entreprise un associé capable d'en assurer le succès, il fit briller aux yeux de notre ingénieur les avantages qui résulteraient pour le pays de cette exploitation et réussit à le détourner de son idée première, la construction des machines à vapeur, pour le mettre de moitié dans son entreprise. Des tissus fort beaux furent en effet obtenus ; malheureusement ils étaient dépourvus de solidité ; après bien des tentatives inutiles, la société dut se dissoudre ; les métiers furent vendus, et M. Cavé, qu'aucun échec ne pouvait abattre, recommença laborieusement sa carrière de mécanicien.

Malgré les attaques dont la machine oscillante avait été l'objet, cet appareil, si simple, si supérieur à tout ce qui existait alors, si parfaitement adapté aux besoins de l'industrie, était hautement apprécié dans les manufactures. L'inventeur résolut d'appliquer son système aux bateaux à vapeur. En 1828, il fut chargé de construire la machine d'un bâtiment qui devait faire le service des dépêches entre Calais et Douvres. Sur cette ligne, il allait se mesurer avec les Anglais, proclamés les maîtres de l'Europe dans les sciences mécaniques. La difficulté de l'entreprise enflamma le zèle de l'ingénieur français ; son esprit véritablement national se refusait à copier, comme tant d'autres, les modèles fournis par l'Angleterre. Confiant dans ses propres idées, il traça le plan d'un appareil complétement nouveau et réussit à battre nos voisins sur leur propre élément. La machine du *Courrier de Calais* était oscillante et à haute pression ; en outre, M. Cavé avait remplacé les roues ordinaires par des roues à pales mobiles, procédé qui annule la force de résistance de l'eau, une fois que la pression nécessaire est produite, et qui facilite considérablement la marche du navire. En Angleterre, on avait essayé d'obtenir ce résultat au moyen de pales tournantes dont le défaut de solidité avait bientôt fait abandonner l'usage.

Enfin l'épreuve décisive a lieu ; le bâtiment commence son service, et non-seulement il se trouve en état de soutenir la concurrence des paquebots anglais, mais encore il l'emporte sur eux par la rapidité de sa course. La France désormais n'avait plus besoin des inspirations de la Grande-Bretagne : la machine à vapeur reprenait chez nous la nationalité à laquelle son origine lui donnait droit, et, quelques années plus tard, le jury de l'Exposition disait avec une juste fierté : « Si, dans tous les Etats de l'ancien monde et du nouveau, la mécanique fait chaque année des conquêtes importantes, nous devons déclarer, à la gloire de notre pays, qu'il n'en est aucun où, pendant ces derniers temps, les véritables progrès aient été plus remarquables. »

Cet éclatant succès plaçait tout d'abord M. Cavé au premier rang des constructeurs de la marine. Peu de temps après, il exécuta quatre remorqueurs, d'une force de 100 à 120 chevaux chacun, pour la navigation de la Seine, puis un bateau de 40 chevaux et un de 50, destinés au service du Rhin, entre Strasbourg et Bâle. Deux autres bâtiments, sortis des mêmes ateliers, parcouraient le fleuve, de Rotterdam à Cologne ; ils remorquaient de 800 à 900 tonneaux en quarante heures, faisant ainsi 10 kilomètres par heure à la remonte. Ces bateaux obtinrent, comme le *Courrier de Calais*, un avantage marqué sur les remorqueurs anglais ; souvent même ils distancèrent les bâtiments employés au service des voyageurs.

Le ministère de la marine ne pouvait fermer plus longtemps les yeux sur l'incontestable supériorité de l'éminent inventeur ; la machine oscillante, regardée d'abord comme la téméraire conception d'un mécanicien sans expérience, avait fini par être appréciée partout. Le ministre confia, en 1832, à M. Cavé la construction de deux appareils de 180 chevaux. C'étaient les plus considérables que l'on eût encore exécutés en France : où trouver les outils nécessaires pour une telle œuvre ? Il fallait de puissantes machines à aleser, des marteaux pesants pour forger les arbres destinés à transmettre la force ; l'ajustage des pièces exigeait aussi des instruments nouveaux. M. Cavé perfectionna sa machine à percer, et, par une addition aussi simple qu'ingénieuse, la rendit propre à découper les barres de fer et les grosses feuilles de tôle. Il imagina ensuite une belle machine à raboter les métaux, qui permet de travailler la pièce, de la mortaiser, de la dresser, et qui, opérant avec une rapidité extrême, donne encore la facilité d'évider à froid les coudes de manivelle avec beaucoup plus d'économie qu'on ne le ferait à chaud. Restait à fabriquer les arbres. M. Cavé n'était jamais en défaut lorsqu'il s'agissait de créer des combinaisons nouvelles et meilleures : il construisit un martinet que vingt ouvriers mettaient en mouvement et qui suffit pour le travail qu'on en attendait ; mais cet outil, déjà si puissant, ne satisfaisant pas encore son inventeur. il résolut de remplacer les hommes par la force motrice de la vapeur et traça dès lors le plan du gigantesque marteau qui fonctionnait dans ses ateliers dès 1836, comme le témoigne le brevet qu'il prit à cette époque (*Collection des brevets*, t. XLV, p. 310). Cet instrument, qui reçut encore des améliorations avant d'arriver à sa forme définitive, marche entre deux coulisses bien dressées ; il monte et descend avec une régularité parfaite. sans oscillations possibles ; la vitesse et l'amplitude des mouvements de hausse et de baisse varient à volonté par le jeu de la vapeur.

La précision, la solidité, le mécanisme simple et hardi du marteau à vapeur devaient le faire adopter plus tard dans toutes nos grandes usines ; toutefois, bien qu'il eût été exécuté cinq ans avant l'époque où M. Bourdon [1] et M. Nasmyth se disputèrent l'honneur de l'avoir imaginé, peu d'ingénieurs en avaient connaissance, et M. Cavé, qui possédait des titres plus glorieux à la renommée, n'avait guère songé jusqu'alors à se prévaloir

---

[1] Voir la *Collection des brevets*, année 1841, t. LXIV, p. 393, et la *Revue Britannique* de février 1866.

de sa découverte. Nous ne voulons donc pas dire que ni le célèbre ingénieur anglais, ni l'habile sous-directeur du Creuzot n'aient eu, eux aussi, le mérite de l'invention. Partout l'industrie sentait la nécessité d'acquérir des armes nouvelles, appropriées à la grandeur des plans qu'elle avait conçus ; les mêmes besoins peuvent avoir conduit, sur plusieurs points différents, à des résultats analogues ; mais ce que la justice nous fait un devoir d'établir, c'est que les droits de M. Cavé sont antérieurs, et que son marteau-pilon, moins compliqué, moins savant peut-être que celui de M. Nasmyth, n'a pas, comme ce dernier, l'inconvénient de prendre du jeu et de se détraquer rapidement, par suite des secousses continuelles de coups successifs et répétés.

Les premières difficultés que présentait la construction des grands appareils pour la marine étaient heureusement vaincues ; la fabrication des chaudières en fit surgir de nouvelles. Aucun établissement ne se trouva en état de les fournir ; il fallut créer dans l'usine une chaudronnerie, réunir à la hâte un grand nombre d'ouvriers adroits et habiles. Rien ne lassait la persévérante énergie de M. Cavé et de ses frères ; ils avaient introduit dans leurs ateliers une sévère discipline ; craints et aimés à la fois de ceux qu'ils employaient, ils savaient, par la clarté de leurs instructions, par leur active surveillance, assurer l'exécution parfaite des travaux. Ils avaient trouvé aussi une aide puissante dans l'intelligent concours de leur beau-frère, M. Lemaître, qui fut spécialement chargé de diriger la construction des chaudières. Malgré ces obstacles, les machines furent terminées au temps prescrit et justifièrent les espérances qu'avaient données les brillants débuts de M. Cavé. « Les essais, terminés en présence de la commission nommée par le ministre, dit M. Héricard de Thury dans un rapport lu à la Société d'encouragement, ont surpassé les effets qu'on en attendait. » D'autres appareils lui furent confiés par la Marine et réclamèrent les efforts de son esprit inventif ; car il s'agissait cette fois de produire une force de 220 chevaux. Les rapides progrès qu'il avait fait faire à l'industrie mécanique lui méritèrent, comme nous l'avons vu, les plus hautes récompenses du jury de 1834. Après avoir constaté les mérites de la machine oscillante, le rapporteur s'exprime ainsi : « Cet ingénieur a trouvé le moyen d'emboutir la tôle de fer pour la courber en hémisphères d'un grand diamètre, et former ainsi des fonds de chaudières très-utiles dans beaucoup d'industries où la fonte de fer n'offre pas assez de résistance. La marine royale lui doit aussi d'ingénieuses courbes en fer propres à remplacer les courbes en bois, si rares et si chères, qu'exige la construction des grands bâtiments. » Vers la même époque, des travaux fort importants s'exécutaient encore dans les ateliers du faubourg Saint-Denis ; des bateaux, dont la coque était en tôle, s'y construisaient pour la navigation des lacs de Thun et de Neuchatel. Les différentes pièces, soigneusement numérotées, furent ensuite chargées sur des chariots et assemblées au lieu de leur destination.

Le développement de nos principales usines aurait dû suffire à prouver que notre industrie nationale, quoique toute nouvelle, était en mesure de satisfaire aux besoins de l'État et de l'industrie privée. Cependant, lorsqu'en 1840 les Chambres eurent à délibérer sur le projet de loi relatif à l'établissement de grands paquebots transatlantiques, plusieurs députés conseillèrent de demander à l'Angleterre les machines de ces bâtiments, alléguant que les ateliers français ne présentaient aucune garantie pour l'exécution d'appareils d'une force de 450 chevaux ; qu'ils ne pourraient pas les construire, ou que, s'ils y parvenaient, ce serait avec une lenteur qui compromettrait le succès de la mesure proposée par le ministre.

Les mécaniciens s'émurent du danger qui les menaçait ; un acte aussi impolitique aurait étouffé à sa naissance une industrie qui est l'un des éléments les plus indispensables de la force et de la prospérité nationales. Ils avaient conscience de leur propre valeur : ils s'indignaient de voir les représentants de la France manquer de foi dans son génie, sacrifier ses véritables intérêts et l'abaisser devant un pays rival. Ils se constituèrent en comité, choisirent pour rapporteur M. Calla, un de nos constructeurs les plus distingués, et présentèrent aux Chambres leurs justes réclamations, s'engageant à faire aussi bien et plus vite que les ateliers anglais.

Leurs plaintes furent entendues : le ministère confia onze machines, sur quatorze, aux établissements français, et M. Cavé eut à en construire quatre. Son puissant outillage, qu'il augmentait et perfectionnait sans cesse, le mettait en état de se charger sans crainte de cette entreprise. Mais il avait compté pour la fabrication des cylindres sur la maison qui lui fournissait habituellement les pièces de fonte, et le chef de cette usine, effrayé de la difficulté de la tâche, refusa de l'accepter. Cependant le temps pressait; s'adresser ailleurs, c'était s'exposer à de plus longs retards. M. Cavé résolut de renouveler la tentative qui lui avait réussi huit ans auparavant : il avait, en quelques mois, improvisé une chaudronnerie : il prit le parti d'établir une fonderie dans ses ateliers. Un bâtiment de 36 mètres de longueur, 10 mètres de hauteur et 26 mètres de largeur, élevé avec une merveilleuse rapidité, fut pourvu de tous les engins nécessaires à la fonte des machines de 600 chevaux ; on y remarquait entre autres deux immenses fourneaux ou cubilots pouvant recevoir chacun 10,000 kilogrammes de matière en fusion. Ainsi agrandie, l'usine dont nous avons vu les modestes commencements à la porte Saint-Antoine couvrait une superficie de 23,000 mètres carrés et occupait jusqu'à mille ouvriers. Six marteaux à vapeur, dont l'un pesait 3,000 kilogrammes, 32 tours, des machines à planer, à raboter, à aléser, 4 fours à réverbère et 65 feux de forge, 44 grues d'une extrême puissance et 130 forts outils d'ajustage fonctionnaient sans relâche dans cette vaste enceinte; la force motrice, répartie en douze machines à vapeur, dépassait 200 chevaux. « On croirait voir, dit en 1844 le rapporteur de l'exposition, M. Dupin, un des ateliers les mieux organisés de l'Angleterre. Rien n'est bâti pour le luxe ni pour la montre ; on tire parti de tout dans la position la plus appropriée pour chaque besoin nouveau. Les forges sont portées à un degré de perfection que nos voisins d'outre-Manche ne surpassent pas. L'outillage de ce vaste établissement réunit la solidité, la combinaison ingénieuse et la précision indispensables à l'exécution parfaite des plus grandes machines à vapeur. Une seule chaudière produit la vapeur nécessaire aux machines motrices qu'elle va chercher par des tuyaux de conduite ; une seule cheminée, haute de 50 mètres, reçoit, par d'autres tuyaux, les gaz dégagés des nombreuses combustions de l'usine, où s'opèrent tous les travaux, depuis la fusion de la fonte et le travail de la forge jusqu'aux derniers ajustages. »

M. Cavé n'excellait pas moins à former les ouvriers chargés de mettre en œuvre ces colossales machines-outils : il leur inspirait le zèle, l'activité intelligente qui accomplissent l'œuvre la plus difficile. Ces braves gens étaient fiers de travailler pour un tel maître ; bien élcignés du déplorable esprit qui pousse un si grand nombre d'artisans à voir presque un ennemi dans leur patron, ils se réjouissaient des succès obtenus comme un soldat d'une victoire gagnée. Ils savaient aussi que leurs efforts étaient appréciés, et qu'une aide généreuse ne serait jamais refusée à ceux d'entre eux qui se montreraient dignes de s'élever à une position meilleure. Nous avons déjà parlé de M. Lemaître, qui, sorti, comme ses beaux-frères, de la classe ouvrière, avait été chargé par eux de diriger la chaudronnerie, et venait en 1840 de fonder à la Chapelle Saint-Denis une usine dont sa mort prématurée empêcha le développement. Nous citerons encore M. Castorr, aujourd'hui l'un de nos meilleurs constructeurs de ponts en fer, et M. Claparède, dont le vaste établissement, situé à Saint-Denis, promet de remplir le vide laissé dans l'industrie métallurgique par la retraite de M. Cavé.

Les paquebots transatlantiques avaient fait faire à la mécanique un immense progrès ; deux ans plus tard, M. Richard Roberts, ingénieur anglais aussi remarquable par ses talents que par la franchise et l'élévation de son caractère, déclarait, en visitant les ateliers du faubourg Saint-Denis, que les appareils construits dans cette usine ne le cédaient en rien aux meilleures machines britanniques et même les surpassaient sous plusieurs rapports. Quel immense changement s'était accompli en peu d'années ! La France, demeurée longtemps en dehors du grand mouvement industriel qui transformait l'Europe, avait, grâce à l'initiative de quelques hommes d'un rare mérite, reconquis le rang qu'elle doit occuper à la tête de la civilisation. Les esprits, attirés par les brillantes perspectives que leur offrait la science moderne, se portaient avec ardeur vers cette sphère nouvelle d'activité, et le génie national créait des œuvres éclatantes qui témoignaient de son aptitude pour les arts mécaniques. Tandis que les bateaux à vapeur étendaient le commerce et l'influence de notre pays, les chemins de fer développaient la production nationale en lui ouvrant d'immenses débouchés. Les travaux qu'exigeait l'établissement des voies ferrées fournirent un précieux aliment aux usines parisiennes. M. Cavé apporta dans ce genre de construction l'esprit inventif dont il avait déjà donné tant de preuves ; il reçut de presque toutes les grandes compagnies des demandes pour la fabrication des locomotives, des tenders, des plaques tournantes, de l'outillage et du matériel fixe. Il établit entre autres, dans les ateliers du chemin de fer de Paris à Orléans, une grue destinée à soulever des locomotives toutes complètes et à les maintenir dans cette position pour visiter les pièces du mécanisme qui se trouvent sous la chaudière, ce qu'il n'est pas commode de faire quand la machine repose sur le sol, les roues n'étant jamais assez hautes pour permettre aux ouvriers de se placer et de se retourner dans tous les sens.

Tant de travaux n'épuisaient pas la fécondité de l'infatigable constructeur : l'industrie privée, les usines du nord de la France surtout, lui sont redevables d'un grand nombre d'instruments qui décuplent leurs forces, les mettent en état de répondre aux demandes croissantes de la consommation et de lutter avantageusement contre l'étranger ; il fabriqua successivement des moteurs hydrauliques en fonte, des appareils pour les raffineries de sucre et la tuilerie, des laminoirs et des marteaux-pilons pour les forges, des transmissions de mouvements de toute espèce, enfin une foule de machines-outils mues par la vapeur.

Le cadre de cette étude ne nous permet pas d'énumérer tous les services rendus par M. Cavé aux arts mécaniques. Sa réputation, qui s'étendait au loin, lui attira des commandes importantes pour les travaux relatifs au barrage du Nil. Il construisit à cette occasion deux bateaux plongeurs, dont le mécanisme ingénieux fut fort remarqué. Une chambre à air, haute de 10 mètres sur 8 de large, communiquait avec l'immense cloche dans laquelle travaillait une troupe d'ouvriers. Après avoir enlevé, à l'aide de la drague adaptée au bateau, les sables dont le fleuve est obstrué en cet endroit, on posa les gigantesques digues de maçonnerie qui devaient le rendre navigable, puis on pava le fond de son lit.

Cependant l'établissement du faubourg Saint-Denis ne suffisait plus aux demandes croissantes de la clientèle de **M. Cavé** ; un chantier fut établi sur les bords de la Seine, près d'Asnières, pour la construction des bateaux à vapeur. On y lança en 1844 la corvette *le Chaptal*, dont la machine était forte de 220 chevaux ; la coque avait été fabriquée dans les ateliers ; une hélice remplaçait les roues à aubes ordinaires.; la carène de ce navire fut divisée en cinq cloisons de fer pour l'empêcher de couler bas dans le cas où une voie d'eau se serait produite. Cette carène était remarquable par la précision géométrique des formes données à la membrure, par la simplicité, la solidité des assemblages. Avant d'appliquer au *Chaptal* le système nouveau encore des hélices, M. Cavé, qui en avait compris toute la portée, fit sur la Seine des expériences très-multipliées pour le mettre en pratique et lui faire rendre les services dont il est susceptible. N'épargnant ni soins, ni efforts, ni dépenses quand il s'agissait de perfectionner les procédés, de doter notre industrie ou notre marine d'appareils utiles, il consacra des sommes considérables à des essais sur la vaporisation des chaudières et sur l'emploi des propulseurs à hélices. C'est que les nobles esprits comme le sien placent les intérêts de la science avant les considérations vulgaires de fortune et d'avantages personnels. Si, malgré tout, la richesse vint le trouver, il le dut à un heureux concours de circonstances, à l'impulsion que recevait alors la métallurgie, et surtout à la justesse de son esprit, qui du premier coup trouvait la solution des problèmes les plus ardus, et cela par des moyens à la fois simples et puissants. Car c'est un des traits caractéristiques de ce génie créateur d'aller toujours droit au but, sans se perdre dans des conceptions admirables peut-être en théorie, mais peu profitables au point de vue pratique.

Il avait imaginé une disposition fort heureuse pour débrayer l'hélice, et au besoin l'élever au-dessus de l'eau quand la machine ne fonctionne pas. Appliqué aux bâtiments qui font des voyages de long cours, ce système devait produire une économie considérable; en effet, les appareils à vapeur consomment chaque heure en moyenne 3 kilogrammes de charbon par force de cheval; si la machine est de 1,000 chevaux, on conçoit quelle énorme quantité de combustible exige une traversée de dix à douze jours. Cet approvisionnement, qui occupe une place considérable au détriment du fret, augmente la pesanteur, aggrave les dépenses, diminue les recettes des navires marchands. Aussi la vapeur n'a-t-elle pu jusqu'ici faire une concurrence sérieuse à la grande navigation à voiles ; son fonctionnement dispendieux en restreint l'usage au transport des passagers et des marchandises de prix. Les seuls bâtiments à vapeur qui aient pu tenter avec profit les longues traversées sont ceux auxquels l'Etat accorde une subvention pour le port des malles ; mais les compagnies particulières, lorsqu'elles ont voulu suivre cet exemple, se sont presque toujours ruinées par des frais disproportionnés aux recettes. La combinaison inventée par M. Cavé permettrait de ne faire marcher la machine que dans les moments où le vent est contraire ; quand il est favorable, on relèverait l'hélice et on se servirait des voiles. Ce moyen allierait heureusement l'économie à la rapidité, il multiplierait les services de la marine à vapeur et la mettrait en état de ne plus se borner à la navigation côtière et fluviale.

Cependant l'horizon politique s'assombrissait, l'industrie allait recevoir de la révolution de 1848 un coup fatal. Non-seulement l'inquiétude et le désordre qui accompagnent toujours un brusque changement dans la forme du gouvernement tarirent les sources de la richesse nationale, mais encore les idées communistes, propagées par de fougueux apôtres, égarèrent les classes ouvrières et les dégoûtèrent du travail en leur faisant concevoir de folles espérances. L'usine du faubourg Saint-Denis devait attirer l'attention des propagateurs de doctrines subversives : un millier d'ouvriers intelligents gagnés à la cause du désordre auraient été pour elle un puissant renfort. Les machines furent transformées en tribunes où des harangueurs forcenés venaient prêcher le nouvel Evangile social, flétrir l'exploitation du travailleur par le capital, proclamer les droits du prolétaire et pousser le cri de guerre contre les maîtres, qui, disaient-ils, s'étaient trop longtemps engraissés des sueurs du peuple. Les ouvriers prêtaient à ces étranges discours une oreille étonnée ; leur bon sens, leur droiture, tout un passé de travail et d'honneur protestaient contre les odieuses théories par lesquelles on cherchait à les séduire. Habitués à aimer en

M. Cavé une des gloires de leur industrie, confiants dans son caractère ferme et loyal, ils repoussèrent les insinuations perfides de ceux qui prétendaient que la ruine de leur patron, la chute de ce bel établissement qu'ils avaient contribué à faire prospérer, seraient pour eux une source de bien-être et d'émancipation... comme si les intérêts du maître et de l'ouvrier n'étaient pas intimement unis ; comme si tous deux, à des degrés divers, ne participaient pas au bénéfice d'une même entreprise !

Quand vinrent les terribles journées de juin, l'usine, placée auprès de l'un des centres les plus actifs de l'insurrection, eut besoin d'opposer à la marée montante du socialisme une digue plus puissante que la résistance passive qui lui avait suffi jusqu'alors. Les meneurs menaçaient l'établissement, parlaient de briser les machines : aussitôt les ouvriers se réunirent, une garde nombreuse et armée fut choisie parmi eux pour repousser les envahisseurs et défendre les ateliers auxquels tant de familles devaient non-seulement le pain, mais l'aisance modeste qui suit d'ordinaire l'intelligence, l'ordre et le travail. Une conduite aussi sage, aussi courageuse ne resta pas sans récompense : tandis qu'un grand nombre de maisons se fermaient, que la misère éprouvait cruellement les classes ouvrières, l'usine n'occupait pas moins de sept à huit cents hommes, et la tempête de 1848 ne lui causa d'autre dommage que celui qui résultait du ralentissement général des affaires.

L'industrie, qui avait été profondément troublée par les agitations politiques, reprit sa marche progressive dès que l'ordre et la paix eurent ramené la confiance dans les esprits. Les lignes de chemins de fer furent prolongées, de nouveaux réseaux relièrent l'une à l'autre les principales voies ; les capitaux, rassurés, se jetèrent dans de vastes entreprises, et beaucoup de nos établissements métallurgiques passèrent aux mains de compagnies qui disposaient de ressources immenses. Des offres de ce genre furent faites à M. Cavé ; mais il lui coûtait d'abandonner les ateliers créés au prix de tant de peines, où se concentraient tous ses souvenirs, toutes ses joies. Il refusa d'abord, et pendant plusieurs années continua de créer de nouveaux engins, de formidables machines-outils, de gigantesques appareils destinés à la marine. Il perfectionna les tours, inventa une nouvelle cisaille à vapeur, et en 1851 imagina, pour forer les trous des mines par percussion, un appareil automoteur dans lequel il préjugeait toutes les parties du problème si heureusement résolu par M. Sommelier, quand il fut chargé de pratiquer la galerie souterraine de 12,200 mètres qui traverse les Alpes sous le col de Fréjus. Il construisit les machines de l'*Isly* et de l'*Eylau*, fortes l'une de 800 chevaux, l'autre de 1,000, et y appliqua un système de transmission directe qui permettait de réaliser sur la fabrication une notable économie. La première de ces machines toutefois ne donna pas les résultats qu'on en attendait; mais il faut l'attribuer au mode d'exécution imposé par la marine et aussi à un défaut d'entente avec l'ingénieur de l'Etat; car M. Cavé, suivant la remarque de M. Dupin, « a toujours atteint le but lorsqu'on lui a proposé seulement des effets à produire, laissant toute liberté à son esprit inventif pour trouver les combinaisons mécaniques les plus favorables, et il n'est jamais arrivé qu'il sortît de ses mains un ouvrage qui n'ajoutât pas à sa réputation. »

Ces grands appareils furent ses dernières œuvres; ses amis, sa famille, lui représentaient que trente années de travaux incessants lui donnaient le droit de jouir en repos du fruit de ses labeurs. Un mariage pour lequel, suivant les inspirations de sa nature désintéressée, il avait écouté la voix de son cœur plutôt que recherché les avantages de la fortune, lui avait donné le bonheur domestique; mais son fils était trop jeune encore pour conduire, avant de longues années, l'établissement paternel, M. Cavé consentit, non sans regret, à se retirer des affaires. En 1853, il céda son usine à une compagnie et ne se réserva d'autre titre que celui d'ingénieur-conseil; puis voyant, au bout de quelques mois, que ses avis n'étaient pas écoutés, il cessa de prendre part à l'entreprise.

On s'aperçut bientôt que sa main ferme et expérimentée ne dirigeait plus les ateliers : la sage économie qui jusqu'alors avait régné partout fit place à l'imprévoyance et à la prodigalité; l'infatigable surveillance du maître n'exerça plus son action salutaire. *Times is money*, disent nos voisins d'outre-Manche. M. Cavé, pénétré de cette maxime, l'appliquait jusque dans les moindres détails; à son école, les ouvriers avaient appris à mettre leur cœur dans leur travail, et leur activité permettait au patron de leur donner des salaires élevés, tout en se réservant des profits convenables. L'esprit d'ordre qui avait fait la fortune de l'établissement disparut avec son fondateur ; c'est en vain que les commandes affluaient : plus elles étaient nombreuses, plus les pertes étaient grandes, et bientôt cette magnifique usine, la première, la plus flori-sante de la capitale, fut mise en liquidation. M. Cavé eut la douleur de voir démembrer, vendre pièce à pièce cet outillage si habilement organisé dont chaque partie était son œuvre et portait l'empreinte de son esprit. L'industrie et la nation ne faisaient pas une perte moins sensible : longtemps elles avaient tiré de ce riche arsenal des armes pour soutenir la concurrence étrangère, et si l'on songe à ce qu'il faut de génie, d'efforts soutenus, d'heureuses circonstances pour former un tel établissement, on ne saura trop regretter la funeste négligence qui a causé sa ruine.

Les loisirs de M. Cavé se partagent aujourd'hui entre la *Société d'encouragement*, où il aime à tendre la main aux jeunes inventeurs, qui, trop souvent, ont à lutter comme lui contre les préjugés, et une grande exploitation agricole qu'il dirige dans le Berry ; car après une vie si occupée, il ne pouvait se résoudre à jouir, dans une oisiveté complète, de la fortune qu'il avait laborieusement acquise. Frappé de l'infériorité de notre agriculturre, déplorant l'indifférence coupable qui laisse improductives tant de parties de notre sol, il voulut consacrer ses dernières années à l'amélioration d'un vaste domaine, introduire dans un de nos cantons les plus pauvres et les plus arriérés, la Brenne, les méthodes nouvelles capables de transformer en campagnes fertiles les plaines marécageuses livrées par l'ignorance à la fièvre et à la misère. Pour atteindre ce noble but, il ne recule devant aucun sacrifice, ne se laisse ni abattre par la fatigue, ni décourager par la résistance d'une population tellement courbée sous le joug de la routine, qu'elle n'éprouve même pas le désir d'un sort meilleur. Ces soins n'empêchent cependant pas M. Cavé de conserver une passion profonde pour les arts mécaniques : il a établi dans la belle propriété qui lui sert le plus ordinairement de résidence, celle de Condé, près de Meaux, une forge et un atelier où il aime à se retrouver au milieu de ses occupations favorites ; il suit avec un vif intérêt les progrès de la science métallurgique, encourage les nouveaux champions de l'industrie, les aide de ses conseils et de ses capitaux. Mais le secours le plus efficace qu'il puisse leur donner, c'est l'enseignement qui ressort de son existence : né dans les rangs les plus humbles de la société, dépourvu d'éducation première, il a su, par le seul effort de son esprit, par l'ascendant qu'exerce toujours un caractère énergique, loyal, désintéressé, devenir l'un des plus grands constructeurs de son époque, et rendre au pays d'éclatants services.

Paris. — Typographie HENNUYER ET FILS, rue du Boulevard, 7.